Signature Planner Journals

Signature Planner Journals
www.signatureplannerjournals.com
www.signatureplannerjournals.co.uk

WEEK:

WEEKLY GOAL

SUN	MON	TUES
TODAYS OBJECTIVE	TODAYS OBJECTIVE	TODAYS OBJECTIVE
6	6	6
7	7	7
8	8	8
9	9	9
10	10	10
11	11	11
12	12	12
13	13	13
14	14	14
15	15	15
16	16	16
17	17	17
18	18	18
19	19	19
20	20	20
21	21	21
22	22	22
23	23	23

WEEKLY INSPIRATION

MY TO DO LIST

- ☐
- ☐
- ☐
- ☐

WORK TO DO LIST

- ☐
- ☐
- ☐
- ☐

TOP PRIORITIES THIS WEEK

1.

2.

3.

4.

URGENT

- ☐
- ☐
- ☐
- ☐
- ☐

WEDS	THURS	FRI	SAT
TODAYS OBJECTIVE	TODAYS OBJECTIVE	TODAYS OBJECTIVE	TODAYS OBJECTIVE
6	6	6	6
7	7	7	7
8	8	8	8
9	9	9	9
10	10	10	10
11	11	11	11
12	12	12	12
13	13	13	13
14	14	14	14
15	15	15	15
16	16	16	16
17	17	17	17
18	18	18	18
19	19	19	19
20	20	20	20
21	21	21	21
22	22	22	22
23	23	23	23

NOTES

THE SECRET OF GETTING AHEAD IS GETTING STARTED (MARK TWAIN)

WEEK:

WEEKLY GOAL

WEEKLY INSPIRATION

SUN	MON	TUES
TODAYS OBJECTIVE	TODAYS OBJECTIVE	TODAYS OBJECTIVE
6	6	6
7	7	7
8	8	8
9	9	9
10	10	10
11	11	11
12	12	12
13	13	13
14	14	14
15	15	15
16	16	16
17	17	17
18	18	18
19	19	19
20	20	20
21	21	21
22	22	22
23	23	23

MY TO DO LIST

- ☐
- ☐
- ☐
- ☐

WORK TO DO LIST

- ☐
- ☐
- ☐
- ☐

TOP PRIORITIES THIS WEEK

1.

2.

3.

4.

URGENT

- ☐
- ☐
- ☐
- ☐
- ☐

WEDS	THURS	FRI	SAT
TODAYS OBJECTIVE	TODAYS OBJECTIVE	TODAYS OBJECTIVE	TODAYS OBJECTIVE
6	6	6	6
7	7	7	7
8	8	8	8
9	9	9	9
10	10	10	10
11	11	11	11
12	12	12	12
13	13	13	13
14	14	14	14
15	15	15	15
16	16	16	16
17	17	17	17
18	18	18	18
19	19	19	19
20	20	20	20
21	21	21	21
22	22	22	22
23	23	23	23

NOTES

IT ALWAYS SEEMS IMPOSSIBLE UNTIL IT'S DONE (NELSON MANDELA)

WEEK:

WEEKLY GOAL

WEEKLY INSPIRATION

SUN	MON	TUES
TODAYS OBJECTIVE	TODAYS OBJECTIVE	TODAYS OBJECTIVE
6	6	6
7	7	7
8	8	8
9	9	9
10	10	10
11	11	11
12	12	12
13	13	13
14	14	14
15	15	15
16	16	16
17	17	17
18	18	18
19	19	19
20	20	20
21	21	21
22	22	22
23	23	23

MY TO DO LIST

- ☐
- ☐
- ☐
- ☐

WORK TO DO LIST

- ☐
- ☐
- ☐
- ☐

TOP PRIORITIES THIS WEEK

1.

2.

3.

4.

URGENT

- ☐
- ☐
- ☐
- ☐
- ☐

WEDS	THURS	FRI	SAT
TODAYS OBJECTIVE	TODAYS OBJECTIVE	TODAYS OBJECTIVE	TODAYS OBJECTIVE
6	6	6	6
7	7	7	7
8	8	8	8
9	9	9	9
10	10	10	10
11	11	11	11
12	12	12	12
13	13	13	13
14	14	14	14
15	15	15	15
16	16	16	16
17	17	17	17
18	18	18	18
19	19	19	19
20	20	20	20
21	21	21	21
22	22	22	22
23	23	23	23

NOTES

IN ORDER TO SUCCEED, WE MUST FIRST BELIEVE THAT WE CAN (NIKOS KAZANTZAKIS)

WEEK:

WEEKLY GOAL

WEEKLY INSPIRATION

SUN	MON	TUES
TODAYS OBJECTIVE	TODAYS OBJECTIVE	TODAYS OBJECTIVE
6	6	6
7	7	7
8	8	8
9	9	9
10	10	10
11	11	11
12	12	12
13	13	13
14	14	14
15	15	15
16	16	16
17	17	17
18	18	18
19	19	19
20	20	20
21	21	21
22	22	22
23	23	23

MY TO DO LIST

- ☐
- ☐
- ☐
- ☐

WORK TO DO LIST

- ☐
- ☐
- ☐
- ☐

URGENT

- ☐
- ☐
- ☐
- ☐
- ☐

TOP PRIORITIES THIS WEEK

1.

2.

3.

4.

WEDS	THURS	FRI	SAT
TODAYS OBJECTIVE	TODAYS OBJECTIVE	TODAYS OBJECTIVE	TODAYS OBJECTIVE
6	6	6	6
7	7	7	7
8	8	8	8
9	9	9	9
10	10	10	10
11	11	11	11
12	12	12	12
13	13	13	13
14	14	14	14
15	15	15	15
16	16	16	16
17	17	17	17
18	18	18	18
19	19	19	19
20	20	20	20
21	21	21	21
22	22	22	22
23	23	23	23

NOTES

WHAT YOU DO TODAY CAN IMPROVE YOUR TOMORROWS (RALPH ARSTON)

WEEK:

WEEKLY GOAL

WEEKLY INSPIRATION

SUN	MON	TUES
TODAYS OBJECTIVE	TODAYS OBJECTIVE	TODAYS OBJECTIVE
6	6	6
7	7	7
8	8	8
9	9	9
10	10	10
11	11	11
12	12	12
13	13	13
14	14	14
15	15	15
16	16	16
17	17	17
18	18	18
19	19	19
20	20	20
21	21	21
22	22	22
23	23	23

MY TO DO LIST

- ☐
- ☐
- ☐
- ☐

WORK TO DO LIST

- ☐
- ☐
- ☐
- ☐

TOP PRIORITIES THIS WEEK

1.

2.

3.

4.

URGENT

- ☐
- ☐
- ☐
- ☐
- ☐

WEDS	THURS	FRI	SAT
TODAYS OBJECTIVE	TODAYS OBJECTIVE	TODAYS OBJECTIVE	TODAYS OBJECTIVE
6	6	6	6
7	7	7	7
8	8	8	8
9	9	9	9
10	10	10	10
11	11	11	11
12	12	12	12
13	13	13	13
14	14	14	14
15	15	15	15
16	16	16	16
17	17	17	17
18	18	18	18
19	19	19	19
20	20	20	20
21	21	21	21
22	22	22	22
23	23	23	23

NOTES

WITH A NEW DAY COMES NEW STRENGTHS & NEW THOUGHTS (ELEANOR ROOSEVELT)

WEEK:

WEEKLY GOAL

WEEKLY INSPIRATION

SUN	MON	TUES
TODAYS OBJECTIVE	TODAYS OBJECTIVE	TODAYS OBJECTIVE
6	6	6
7	7	7
8	8	8
9	9	9
10	10	10
11	11	11
12	12	12
13	13	13
14	14	14
15	15	15
16	16	16
17	17	17
18	18	18
19	19	19
20	20	20
21	21	21
22	22	22
23	23	23

MY TO DO LIST

- ☐
- ☐
- ☐
- ☐

WORK TO DO LIST

- ☐
- ☐
- ☐
- ☐

TOP PRIORITIES THIS WEEK

1.

2.

3.

4.

URGENT

- ☐
- ☐
- ☐
- ☐
- ☐

WEDS	THURS	FRI	SAT
TODAYS OBJECTIVE	TODAYS OBJECTIVE	TODAYS OBJECTIVE	TODAYS OBJECTIVE
6	6	6	6
7	7	7	7
8	8	8	8
9	9	9	9
10	10	10	10
11	11	11	11
12	12	12	12
13	13	13	13
14	14	14	14
15	15	15	15
16	16	16	16
17	17	17	17
18	18	18	18
19	19	19	19
20	20	20	20
21	21	21	21
22	22	22	22
23	23	23	23

NOTES

DON'T WATCH THE CLOCK; DO WHAT IT DOES. KEEP GOING (SAM LEVENSON)

WEEK:

WEEKLY GOAL

WEEKLY INSPIRATION

SUN	MON	TUES
TODAYS OBJECTIVE	TODAYS OBJECTIVE	TODAYS OBJECTIVE
6	6	6
7	7	7
8	8	8
9	9	9
10	10	10
11	11	11
12	12	12
13	13	13
14	14	14
15	15	15
16	16	16
17	17	17
18	18	18
19	19	19
20	20	20
21	21	21
22	22	22
23	23	23

MY TO DO LIST

- ☐
- ☐
- ☐
- ☐

WORK TO DO LIST

- ☐
- ☐
- ☐
- ☐

TOP PRIORITIES THIS WEEK

1.

2.

3.

4.

URGENT

- ☐
- ☐
- ☐
- ☐
- ☐

WEDS	THURS	FRI	SAT
TODAYS OBJECTIVE	TODAYS OBJECTIVE	TODAYS OBJECTIVE	TODAYS OBJECTIVE
6	6	6	6
7	7	7	7
8	8	8	8
9	9	9	9
10	10	10	10
11	11	11	11
12	12	12	12
13	13	13	13
14	14	14	14
15	15	15	15
16	16	16	16
17	17	17	17
18	18	18	18
19	19	19	19
20	20	20	20
21	21	21	21
22	22	22	22
23	23	23	23

NOTES

SETTING GOALS IS THE FIRST STEP IN TURNING THE INVISIBLE INTO THE VISIBLE (TONY ROBBINS)

WEEK:

WEEKLY GOAL

WEEKLY INSPIRATION

SUN	MON	TUES
TODAYS OBJECTIVE	TODAYS OBJECTIVE	TODAYS OBJECTIVE
6	6	6
7	7	7
8	8	8
9	9	9
10	10	10
11	11	11
12	12	12
13	13	13
14	14	14
15	15	15
16	16	16
17	17	17
18	18	18
19	19	19
20	20	20
21	21	21
22	22	22
23	23	23

MY TO DO LIST

- ☐
- ☐
- ☐
- ☐

WORK TO DO LIST

- ☐
- ☐
- ☐
- ☐

TOP PRIORITIES THIS WEEK

1.

2.

3.

4.

URGENT

- ☐
- ☐
- ☐
- ☐
- ☐

WEDS	THURS	FRI	SAT
TODAYS OBJECTIVE	TODAYS OBJECTIVE	TODAYS OBJECTIVE	TODAYS OBJECTIVE
6	6	6	6
7	7	7	7
8	8	8	8
9	9	9	9
10	10	10	10
11	11	11	11
12	12	12	12
13	13	13	13
14	14	14	14
15	15	15	15
16	16	16	16
17	17	17	17
18	18	18	18
19	19	19	19
20	20	20	20
21	21	21	21
22	22	22	22
23	23	23	23

NOTES

SET YOUR GOALS HIGH & DON'T STOP TILL YOU GET THERE (BO JACKSON)

WEEK:

WEEKLY GOAL

WEEKLY INSPIRATION

SUN	MON	TUES
TODAYS OBJECTIVE	TODAYS OBJECTIVE	TODAYS OBJECTIVE
6	6	6
7	7	7
8	8	8
9	9	9
10	10	10
11	11	11
12	12	12
13	13	13
14	14	14
15	15	15
16	16	16
17	17	17
18	18	18
19	19	19
20	20	20
21	21	21
22	22	22
23	23	23

MY TO DO LIST

- ☐
- ☐
- ☐
- ☐

WORK TO DO LIST

- ☐
- ☐
- ☐
- ☐

URGENT

- ☐
- ☐
- ☐
- ☐
- ☐

TOP PRIORITIES THIS WEEK

1.

2.

3.

4.

WEDS	THURS	FRI	SAT
TODAYS OBJECTIVE	TODAYS OBJECTIVE	TODAYS OBJECTIVE	TODAYS OBJECTIVE
6	6	6	6
7	7	7	7
8	8	8	8
9	9	9	9
10	10	10	10
11	11	11	11
12	12	12	12
13	13	13	13
14	14	14	14
15	15	15	15
16	16	16	16
17	17	17	17
18	18	18	18
19	19	19	19
20	20	20	20
21	21	21	21
22	22	22	22
23	23	23	23

NOTES

A GOAL IS A DREAM WITH A DEADLINE (NAPOLEON)

WEEK:

WEEKLY GOAL

WEEKLY INSPIRATION

SUN	MON	TUES
TODAYS OBJECTIVE	TODAYS OBJECTIVE	TODAYS OBJECTIVE
6	6	6
7	7	7
8	8	8
9	9	9
10	10	10
11	11	11
12	12	12
13	13	13
14	14	14
15	15	15
16	16	16
17	17	17
18	18	18
19	19	19
20	20	20
21	21	21
22	22	22
23	23	23

MY TO DO LIST

- ☐
- ☐
- ☐
- ☐

WORK TO DO LIST

- ☐
- ☐
- ☐
- ☐

URGENT

- ☐
- ☐
- ☐
- ☐
- ☐

TOP PRIORITIES THIS WEEK

1.

2.

3.

4.

WEDS	THURS	FRI	SAT
TODAYS OBJECTIVE	TODAYS OBJECTIVE	TODAYS OBJECTIVE	TODAYS OBJECTIVE
6	6	6	6
7	7	7	7
8	8	8	8
9	9	9	9
10	10	10	10
11	11	11	11
12	12	12	12
13	13	13	13
14	14	14	14
15	15	15	15
16	16	16	16
17	17	17	17
18	18	18	18
19	19	19	19
20	20	20	20
21	21	21	21
22	22	22	22
23	23	23	23

NOTES

BY FAILING TO PREPARE, YOU ARE PREPARING TO FAIL (BENJAMIN FRANKLIN)

WEEK:

WEEKLY GOAL

SUN	MON	TUES
TODAYS OBJECTIVE	TODAYS OBJECTIVE	TODAYS OBJECTIVE
6	6	6
7	7	7
8	8	8
9	9	9
10	10	10
11	11	11
12	12	12
13	13	13
14	14	14
15	15	15
16	16	16
17	17	17
18	18	18
19	19	19
20	20	20
21	21	21
22	22	22
23	23	23

WEEKLY INSPIRATION

MY TO DO LIST

- ☐
- ☐
- ☐
- ☐

WORK TO DO LIST

- ☐
- ☐
- ☐
- ☐

TOP PRIORITIES THIS WEEK

1.

2.

3.

4.

URGENT

- ☐
- ☐
- ☐
- ☐
- ☐

WEDS	THURS	FRI	SAT
TODAYS OBJECTIVE	TODAYS OBJECTIVE	TODAYS OBJECTIVE	TODAYS OBJECTIVE
6	6	6	6
7	7	7	7
8	8	8	8
9	9	9	9
10	10	10	10
11	11	11	11
12	12	12	12
13	13	13	13
14	14	14	14
15	15	15	15
16	16	16	16
17	17	17	17
18	18	18	18
19	19	19	19
20	20	20	20
21	21	21	21
22	22	22	22
23	23	23	23

NOTES

THE MORE WE DO, THE MORE WE CAN DO (WILLIAM HAZLITT)

WEEK:

WEEKLY GOAL

WEEKLY INSPIRATION

SUN	MON	TUES
TODAYS OBJECTIVE	TODAYS OBJECTIVE	TODAYS OBJECTIVE
6	6	6
7	7	7
8	8	8
9	9	9
10	10	10
11	11	11
12	12	12
13	13	13
14	14	14
15	15	15
16	16	16
17	17	17
18	18	18
19	19	19
20	20	20
21	21	21
22	22	22
23	23	23

PERSONAL TO DO LIST

- ☐
- ☐
- ☐
- ☐

WORK TO DO LIST

- ☐
- ☐
- ☐
- ☐

URGENT

- ☐
- ☐
- ☐
- ☐
- ☐

TOP PRIORITIES THIS WEEK

1.

2.

3.

4.

WEDS	THURS	FRI	SAT
TODAYS OBJECTIVE	TODAYS OBJECTIVE	TODAYS OBJECTIVE	TODAYS OBJECTIVE
6	6	6	6
7	7	7	7
8	8	8	8
9	9	9	9
10	10	10	10
11	11	11	11
12	12	12	12
13	13	13	13
14	14	14	14
15	15	15	15
16	16	16	16
17	17	17	17
18	18	18	18
19	19	19	19
20	20	20	20
21	21	21	21
22	22	22	22
23	23	23	23

NOTES

YOU WILL NEVER WIN IF YOU NEVER BEGIN (HELEN ROWLAND)

WEEK:

WEEKLY GOAL

WEEKLY INSPIRATION

SUN	MON	TUES
TODAYS OBJECTIVE	TODAYS OBJECTIVE	TODAYS OBJECTIVE
6	6	6
7	7	7
8	8	8
9	9	9
10	10	10
11	11	11
12	12	12
13	13	13
14	14	14
15	15	15
16	16	16
17	17	17
18	18	18
19	19	19
20	20	20
21	21	21
22	22	22
23	23	23

MY TO DO LIST

- ☐
- ☐
- ☐
- ☐

WORK TO DO LIST

- ☐
- ☐
- ☐
- ☐

URGENT

- ☐
- ☐
- ☐
- ☐
- ☐

TOP PRIORITIES THIS WEEK

1.

2.

3.

4.

WEDS	THURS	FRI	SAT
TODAYS OBJECTIVE	TODAYS OBJECTIVE	TODAYS OBJECTIVE	TODAYS OBJECTIVE
6	6	6	6
7	7	7	7
8	8	8	8
9	9	9	9
10	10	10	10
11	11	11	11
12	12	12	12
13	13	13	13
14	14	14	14
15	15	15	15
16	16	16	16
17	17	17	17
18	18	18	18
19	19	19	19
20	20	20	20
21	21	21	21
22	22	22	22
23	23	23	23

NOTES

EXPECT PROBLEMS & EAT THEM FOR BREAKFAST (ALFRED A. MONTAPERT)

WEEK:

WEEKLY GOAL

WEEKLY INSPIRATION

SUN	MON	TUES
TODAYS OBJECTIVE	TODAYS OBJECTIVE	TODAYS OBJECTIVE
6	6	6
7	7	7
8	8	8
9	9	9
10	10	10
11	11	11
12	12	12
13	13	13
14	14	14
15	15	15
16	16	16
17	17	17
18	18	18
19	19	19
20	20	20
21	21	21
22	22	22
23	23	23

MY TO DO LIST

- ☐
- ☐
- ☐
- ☐

WORK TO DO LIST

- ☐
- ☐
- ☐
- ☐

URGENT

- ☐
- ☐
- ☐
- ☐
- ☐

TOP PRIORITIES THIS WEEK

1.

2.

3.

4.

WEDS	THURS	FRI	SAT
TODAYS OBJECTIVE	TODAYS OBJECTIVE	TODAYS OBJECTIVE	TODAYS OBJECTIVE
6	6	6	6
7	7	7	7
8	8	8	8
9	9	9	9
10	10	10	10
11	11	11	11
12	12	12	12
13	13	13	13
14	14	14	14
15	15	15	15
16	16	16	16
17	17	17	17
18	18	18	18
19	19	19	19
20	20	20	20
21	21	21	21
22	22	22	22
23	23	23	23

NOTES

IT DOES NOT MATTER HOW SLOWLY YOU GO AS LONG AS YOU DO NOT STOP
(CONFUCIUS)

WEEK:

WEEKLY GOAL

WEEKLY INSPIRATION

SUN	MON	TUES
TODAYS OBJECTIVE	TODAYS OBJECTIVE	TODAYS OBJECTIVE
6	6	6
7	7	7
8	8	8
9	9	9
10	10	10
11	11	11
12	12	12
13	13	13
14	14	14
15	15	15
16	16	16
17	17	17
18	18	18
19	19	19
20	20	20
21	21	21
22	22	22
23	23	23

MY TO DO LIST

- ☐
- ☐
- ☐
- ☐

WORK TO DO LIST

- ☐
- ☐
- ☐
- ☐

TOP PRIORITIES THIS WEEK

1.

2.

3.

4.

URGENT

- ☐
- ☐
- ☐
- ☐
- ☐

WEDS	THURS	FRI	SAT
TODAYS OBJECTIVE	TODAYS OBJECTIVE	TODAYS OBJECTIVE	TODAYS OBJECTIVE
6	6	6	6
7	7	7	7
8	8	8	8
9	9	9	9
10	10	10	10
11	11	11	11
12	12	12	12
13	13	13	13
14	14	14	14
15	15	15	15
16	16	16	16
17	17	17	17
18	18	18	18
19	19	19	19
20	20	20	20
21	21	21	21
22	22	22	22
23	23	23	23

NOTES

EVERY FAILURE IS A STEP TO SUCCESS (WILLIAM WHEWELL)

WEEK:

WEEKLY GOAL

SUN	MON	TUES
TODAYS OBJECTIVE	TODAYS OBJECTIVE	TODAYS OBJECTIVE
6	6	6
7	7	7
8	8	8
9	9	9
10	10	10
11	11	11
12	12	12
13	13	13
14	14	14
15	15	15
16	16	16
17	17	17
18	18	18
19	19	19
20	20	20
21	21	21
22	22	22
23	23	23

WEEKLY INSPIRATION

MY TO DO LIST

- ☐
- ☐
- ☐
- ☐

WORK TO DO LIST

- ☐
- ☐
- ☐
- ☐

URGENT

- ☐
- ☐
- ☐
- ☐
- ☐

TOP PRIORITIES THIS WEEK

1.

2.

3.

4.

WEDS	THURS	FRI	SAT
TODAYS OBJECTIVE	TODAYS OBJECTIVE	TODAYS OBJECTIVE	TODAYS OBJECTIVE
6	6	6	6
7	7	7	7
8	8	8	8
9	9	9	9
10	10	10	10
11	11	11	11
12	12	12	12
13	13	13	13
14	14	14	14
15	15	15	15
16	16	16	16
17	17	17	17
18	18	18	18
19	19	19	19
20	20	20	20
21	21	21	21
22	22	22	22
23	23	23	23

NOTES

MOTIVATION IS WHAT GETS YOU STARTED. HABIT IS WHAT KEEPS YOU GOING (JIM RYUN)

WEEK:

WEEKLY GOAL

WEEKLY INSPIRATION

SUN	MON	TUES
TODAYS OBJECTIVE	TODAYS OBJECTIVE	TODAYS OBJECTIVE
6	6	6
7	7	7
8	8	8
9	9	9
10	10	10
11	11	11
12	12	12
13	13	13
14	14	14
15	15	15
16	16	16
17	17	17
18	18	18
19	19	19
20	20	20
21	21	21
22	22	22
23	23	23

MY TO DO LIST

- ☐☐
- ☐
- ☐
- ☐

WORK TO DO LIST

- ☐
- ☐
- ☐
- ☐

TOP PRIORITIES THIS WEEK

1.

2.

3.

4.

URGENT

- ☐
- ☐
- ☐
- ☐
- ☐

WEDS	THURS	FRI	SAT
TODAYS OBJECTIVE	TODAYS OBJECTIVE	TODAYS OBJECTIVE	TODAYS OBJECTIVE
6	6	6	6
7	7	7	7
8	8	8	8
9	9	9	9
10	10	10	10
11	11	11	11
12	12	12	12
13	13	13	13
14	14	14	14
15	15	15	15
16	16	16	16
17	17	17	17
18	18	18	18
19	19	19	19
20	20	20	20
21	21	21	21
22	22	22	22
23	23	23	23

NOTES

THE ONLY PLACE WHERE SUCCESS COMES BEFORE WORK IS IN THE DICTIONARY
(VIDAL SASSOON)

WEEK:

WEEKLY GOAL

WEEKLY INSPIRATION

SUN	MON	TUES
TODAYS OBJECTIVE	TODAYS OBJECTIVE	TODAYS OBJECTIVE
6	6	6
7	7	7
8	8	8
9	9	9
10	10	10
11	11	11
12	12	12
13	13	13
14	14	14
15	15	15
16	16	16
17	17	17
18	18	18
19	19	19
20	20	20
21	21	21
22	22	22
23	23	23

MY TO DO LIST

☐
☐
☐
☐

WORK TO DO LIST

☐
☐
☐
☐

URGENT

☐
☐
☐
☐
☐

TOP PRIORITIES THIS WEEK

1.

2.

3.

4.

WEDS	THURS	FRI	SAT
TODAYS OBJECTIVE	TODAYS OBJECTIVE	TODAYS OBJECTIVE	TODAYS OBJECTIVE
6	6	6	6
7	7	7	7
8	8	8	8
9	9	9	9
10	10	10	10
11	11	11	11
12	12	12	12
13	13	13	13
14	14	14	14
15	15	15	15
16	16	16	16
17	17	17	17
18	18	18	18
19	19	19	19
20	20	20	20
21	21	21	21
22	22	22	22
23	23	23	23

NOTES

ONLY PUT OFF UNTIL TOMORROW WHAT YOU ARE WILLING TO DIE HAVING LEFT UNDONE
(PABLO PICASSO)

WEEK:

WEEKLY GOAL

WEEKLY INSPIRATION

SUN	MON	TUES
TODAYS OBJECTIVE	TODAYS OBJECTIVE	TODAYS OBJECTIVE
6	6	6
7	7	7
8	8	8
9	9	9
10	10	10
11	11	11
12	12	12
13	13	13
14	14	14
15	15	15
16	16	16
17	17	17
18	18	18
19	19	19
20	20	20
21	21	21
22	22	22
23	23	23

MY TO DO LIST

- ☐
- ☐
- ☐
- ☐

WORK TO DO LIST

- ☐
- ☐
- ☐
- ☐

TOP PRIORITIES THIS WEEK

1.

2.

3.

4.

URGENT

- ☐
- ☐
- ☐
- ☐
- ☐

WEDS	THURS	FRI	SAT
TODAYS OBJECTIVE	TODAYS OBJECTIVE	TODAYS OBJECTIVE	TODAYS OBJECTIVE
6	6	6	6
7	7	7	7
8	8	8	8
9	9	9	9
10	10	10	10
11	11	11	11
12	12	12	12
13	13	13	13
14	14	14	14
15	15	15	15
16	16	16	16
17	17	17	17
18	18	18	18
19	19	19	19
20	20	20	20
21	21	21	21
22	22	22	22
23	23	23	23

NOTES

SUCCESS IS THE SUM OF SMALL EFFORTS, REPEATED DAY-IN AND DAY-OUT (ROBERT COLLIER)

WEEK:

WEEKLY GOAL

WEEKLY INSPIRATION

SUN	MON	TUES
TODAYS OBJECTIVE	TODAYS OBJECTIVE	TODAYS OBJECTIVE
6	6	6
7	7	7
8	8	8
9	9	9
10	10	10
11	11	11
12	12	12
13	13	13
14	14	14
15	15	15
16	16	16
17	17	17
18	18	18
19	19	19
20	20	20
21	21	21
22	22	22
23	23	23

MY TO DO LIST

- ☐
- ☐
- ☐
- ☐

WORK TO DO LIST

- ☐
- ☐
- ☐
- ☐

TOP PRIORITIES THIS WEEK

1.

2.

3.

4.

URGENT

- ☐
- ☐
- ☐
- ☐
- ☐

WEDS	THURS	FRI	SAT
TODAYS OBJECTIVE	TODAYS OBJECTIVE	TODAYS OBJECTIVE	TODAYS OBJECTIVE
6	6	6	6
7	7	7	7
8	8	8	8
9	9	9	9
10	10	10	10
11	11	11	11
12	12	12	12
13	13	13	13
14	14	14	14
15	15	15	15
16	16	16	16
17	17	17	17
18	18	18	18
19	19	19	19
20	20	20	20
21	21	21	21
22	22	22	22
23	23	23	23

NOTES

ALL PROGRESS TAKES PLACE OUTSIDE THE COMFORT ZONE (MICHAEL JOHN BOBAK)

WEEK:

WEEKLY GOAL

WEEKLY INSPIRATION

SUN	MON	TUES
TODAYS OBJECTIVE	TODAYS OBJECTIVE	TODAYS OBJECTIVE
6	6	6
7	7	7
8	8	8
9	9	9
10	10	10
11	11	11
12	12	12
13	13	13
14	14	14
15	15	15
16	16	16
17	17	17
18	18	18
19	19	19
20	20	20
21	21	21
22	22	22
23	23	23

MY TO DO LIST

- ☐
- ☐
- ☐
- ☐

WORK TO DO LIST

- ☐
- ☐
- ☐
- ☐

URGENT

- ☐
- ☐
- ☐
- ☐
- ☐

TOP PRIORITIES THIS WEEK

1.

2.

3.

4.

WEDS	THURS	FRI	SAT
TODAYS OBJECTIVE	TODAYS OBJECTIVE	TODAYS OBJECTIVE	TODAYS OBJECTIVE
6	6	6	6
7	7	7	7
8	8	8	8
9	9	9	9
10	10	10	10
11	11	11	11
12	12	12	12
13	13	13	13
14	14	14	14
15	15	15	15
16	16	16	16
17	17	17	17
18	18	18	18
19	19	19	19
20	20	20	20
21	21	21	21
22	22	22	22
23	23	23	23

NOTES

INNOVATION DISTINGUISHES BETWEEN A LEADER AND A FOLLOWER (STEVE JOBS)

WEEK:

WEEKLY GOAL

WEEKLY INSPIRATION

SUN	MON	TUES
TODAYS OBJECTIVE	TODAYS OBJECTIVE	TODAYS OBJECTIVE
6	6	6
7	7	7
8	8	8
9	9	9
10	10	10
11	11	11
12	12	12
13	13	13
14	14	14
15	15	15
16	16	16
17	17	17
18	18	18
19	19	19
20	20	20
21	21	21
22	22	22
23	23	23

MY TO DO LIST

- ☐
- ☐
- ☐
- ☐

WORK TO DO LIST

- ☐
- ☐
- ☐
- ☐

TOP PRIORITIES THIS WEEK

1.

2.

3.

4.

URGENT

- ☐
- ☐
- ☐
- ☐
- ☐

WEDS	THURS	FRI	SAT
TODAYS OBJECTIVE	TODAYS OBJECTIVE	TODAYS OBJECTIVE	TODAYS OBJECTIVE
6	6	6	6
7	7	7	7
8	8	8	8
9	9	9	9
10	10	10	10
11	11	11	11
12	12	12	12
13	13	13	13
14	14	14	14
15	15	15	15
16	16	16	16
17	17	17	17
18	18	18	18
19	19	19	19
20	20	20	20
21	21	21	21
22	22	22	22
23	23	23	23

NOTES

KNOWLEDGE IS BEING AWARE OF WHAT YOU CAN DO. WISDOM IS KNOWING WHEN NOT TO DO IT (ANONYMOUS)

WEEK:

WEEKLY GOAL

WEEKLY INSPIRATION

SUN	MON	TUES
TODAYS OBJECTIVE	TODAYS OBJECTIVE	TODAYS OBJECTIVE
6	6	6
7	7	7
8	8	8
9	9	9
10	10	10
11	11	11
12	12	12
13	13	13
14	14	14
15	15	15
16	16	16
17	17	17
18	18	18
19	19	19
20	20	20
21	21	21
22	22	22
23	23	23

MY TO DO LIST

- ☐
- ☐
- ☐
- ☐

WORK TO DO LIST

- ☐
- ☐
- ☐
- ☐

TOP PRIORITIES THIS WEEK

1.

2.

3.

4.

URGENT

- ☐
- ☐
- ☐
- ☐
- ☐

WEDS	THURS	FRI	SAT
TODAYS OBJECTIVE	TODAYS OBJECTIVE	TODAYS OBJECTIVE	TODAYS OBJECTIVE
6	6	6	6
7	7	7	7
8	8	8	8
9	9	9	9
10	10	10	10
11	11	11	11
12	12	12	12
13	13	13	13
14	14	14	14
15	15	15	15
16	16	16	16
17	17	17	17
18	18	18	18
19	19	19	19
20	20	20	20
21	21	21	21
22	22	22	22
23	23	23	23

NOTES

IT IS A ROUGH ROAD THAT LEADS TO THE HEIGHTS OF GREATNESS (SENECA)

WEEK:

WEEKLY GOAL

WEEKLY INSPIRATION

SUN	MON	TUES
TODAYS OBJECTIVE	TODAYS OBJECTIVE	TODAYS OBJECTIVE
6	6	6
7	7	7
8	8	8
9	9	9
10	10	10
11	11	11
12	12	12
13	13	13
14	14	14
15	15	15
16	16	16
17	17	17
18	18	18
19	19	19
20	20	20
21	21	21
22	22	22
23	23	23

MY TO DO LIST

- ☐
- ☐
- ☐
- ☐

WORK TO DO LIST

- ☐
- ☐
- ☐
- ☐

TOP PRIORITIES THIS WEEK

1.

2.

3.

4.

URGENT

- ☐
- ☐
- ☐
- ☐
- ☐

WEDS	THURS	FRI	SAT
TODAYS OBJECTIVE	TODAYS OBJECTIVE	TODAYS OBJECTIVE	TODAYS OBJECTIVE
6	6	6	6
7	7	7	7
8	8	8	8
9	9	9	9
10	10	10	10
11	11	11	11
12	12	12	12
13	13	13	13
14	14	14	14
15	15	15	15
16	16	16	16
17	17	17	17
18	18	18	18
19	19	19	19
20	20	20	20
21	21	21	21
22	22	22	22
23	23	23	23

NOTES

WHAT'S THE POINT OF BEING ALIVE IF YOU DON'T AT LEAST TRY TO DO SOMETHING REMARKABLE (ANONYMOUS)

WEEK:

WEEKLY GOAL

WEEKLY INSPIRATION

SUN	MON	TUES
TODAYS OBJECTIVE	TODAYS OBJECTIVE	TODAYS OBJECTIVE
6	6	6
7	7	7
8	8	8
9	9	9
10	10	10
11	11	11
12	12	12
13	13	13
14	14	14
15	15	15
16	16	16
17	17	17
18	18	18
19	19	19
20	20	20
21	21	21
22	22	22
23	23	23

MY TO DO LIST

- ☐
- ☐
- ☐
- ☐

WORK TO DO LIST

- ☐
- ☐
- ☐
- ☐

URGENT

- ☐
- ☐
- ☐
- ☐
- ☐

TOP PRIORITIES THIS WEEK

1.

2.

3.

4.

WEDS	THURS	FRI	SAT
TODAYS OBJECTIVE	TODAYS OBJECTIVE	TODAYS OBJECTIVE	TODAYS OBJECTIVE
6	6	6	6
7	7	7	7
8	8	8	8
9	9	9	9
10	10	10	10
11	11	11	11
12	12	12	12
13	13	13	13
14	14	14	14
15	15	15	15
16	16	16	16
17	17	17	17
18	18	18	18
19	19	19	19
20	20	20	20
21	21	21	21
22	22	22	22
23	23	23	23

NOTES

IF YOU CAN'T EXPLAIN IT SIMPLY, YOU DON'T UNDERSTAND IT WELL ENOUGH (ALBERT EINSTEIN)

WEEK:

WEEKLY GOAL

WEEKLY INSPIRATION

SUN	MON	TUES
TODAYS OBJECTIVE	TODAYS OBJECTIVE	TODAYS OBJECTIVE
6	6	6
7	7	7
8	8	8
9	9	9
10	10	10
11	11	11
12	12	12
13	13	13
14	14	14
15	15	15
16	16	16
17	17	17
18	18	18
19	19	19
20	20	20
21	21	21
22	22	22
23	23	23

MY TO DO LIST

- ☐
- ☐
- ☐
- ☐

WORK TO DO LIST

- ☐
- ☐
- ☐
- ☐

URGENT

- ☐
- ☐
- ☐
- ☐
- ☐

TOP PRIORITIES THIS WEEK

1.

2.

3.

4.

WEDS	THURS	FRI	SAT
TODAYS OBJECTIVE	TODAYS OBJECTIVE	TODAYS OBJECTIVE	TODAYS OBJECTIVE
6	6	6	6
7	7	7	7
8	8	8	8
9	9	9	9
10	10	10	10
11	11	11	11
12	12	12	12
13	13	13	13
14	14	14	14
15	15	15	15
16	16	16	16
17	17	17	17
18	18	18	18
19	19	19	19
20	20	20	20
21	21	21	21
22	22	22	22
23	23	23	23

NOTES

GREAT MINDS DISCUSS IDEAS; AVERAGE MINDS DISCUSS EVENTS; SMALL MINDS DISCUSS PEOPLE (ELEANOR ROOSEVELT)

WEEK:

WEEKLY GOAL

WEEKLY INSPIRATION

SUN	MON	TUES
TODAYS OBJECTIVE	TODAYS OBJECTIVE	TODAYS OBJECTIVE
6	6	6
7	7	7
8	8	8
9	9	9
10	10	10
11	11	11
12	12	12
13	13	13
14	14	14
15	15	15
16	16	16
17	17	17
18	18	18
19	19	19
20	20	20
21	21	21
22	22	22
23	23	23

MY TO DO LIST

- ☐
- ☐
- ☐
- ☐

WORK TO DO LIST

- ☐
- ☐
- ☐
- ☐

URGENT

- ☐
- ☐
- ☐
- ☐
- ☐

TOP PRIORITIES THIS WEEK

1.

2.

3.

4.

WEDS	THURS	FRI	SAT
TODAYS OBJECTIVE	TODAYS OBJECTIVE	TODAYS OBJECTIVE	TODAYS OBJECTIVE
6	6	6	6
7	7	7	7
8	8	8	8
9	9	9	9
10	10	10	10
11	11	11	11
12	12	12	12
13	13	13	13
14	14	14	14
15	15	15	15
16	16	16	16
17	17	17	17
18	18	18	18
19	19	19	19
20	20	20	20
21	21	21	21
22	22	22	22
23	23	23	23

NOTES

JUST WHEN THE CATERPILLAR THOUGHT THE WORLD WAS ENDING, HE TURNED INTO A BUTTERFLY (PROVERB)

WEEK:

WEEKLY GOAL

WEEKLY INSPIRATION

SUN	MON	TUES
TODAYS OBJECTIVE	TODAYS OBJECTIVE	TODAYS OBJECTIVE
6	6	6
7	7	7
8	8	8
9	9	9
10	10	10
11	11	11
12	12	12
13	13	13
14	14	14
15	15	15
16	16	16
17	17	17
18	18	18
19	19	19
20	20	20
21	21	21
22	22	22
23	23	23

MY TO DO LIST

- ☐
- ☐
- ☐
- ☐

WORK TO DO LIST

- ☐
- ☐
- ☐
- ☐

TOP PRIORITIES THIS WEEK

1.

2.

3.

4.

URGENT

- ☐
- ☐
- ☐
- ☐
- ☐

WEDS	THURS	FRI	SAT
TODAYS OBJECTIVE	TODAYS OBJECTIVE	TODAYS OBJECTIVE	TODAYS OBJECTIVE
6	6	6	6
7	7	7	7
8	8	8	8
9	9	9	9
10	10	10	10
11	11	11	11
12	12	12	12
13	13	13	13
14	14	14	14
15	15	15	15
16	16	16	16
17	17	17	17
18	18	18	18
19	19	19	19
20	20	20	20
21	21	21	21
22	22	22	22
23	23	23	23

NOTES

INITIATIVE + PROGRESS = SUCCESS (MIENA FIAGOME)

WEEK:

WEEKLY GOAL

WEEKLY INSPIRATION

SUN	MON	TUES
TODAYS OBJECTIVE	TODAYS OBJECTIVE	TODAYS OBJECTIVE
6	6	6
7	7	7
8	8	8
9	9	9
10	10	10
11	11	11
12	12	12
13	13	13
14	14	14
15	15	15
16	16	16
17	17	17
18	18	18
19	19	19
20	20	20
21	21	21
22	22	22
23	23	23

MY TO DO LIST

- ☐
- ☐
- ☐
- ☐

WORK TO DO LIST

- ☐
- ☐
- ☐
- ☐

TOP PRIORITIES THIS WEEK

1.

2.

3.

4.

URGENT

- ☐
- ☐
- ☐
- ☐
- ☐

WEDS	THURS	FRI	SAT
TODAYS OBJECTIVE	TODAYS OBJECTIVE	TODAYS OBJECTIVE	TODAYS OBJECTIVE
6	6	6	6
7	7	7	7
8	8	8	8
9	9	9	9
10	10	10	10
11	11	11	11
12	12	12	12
13	13	13	13
14	14	14	14
15	15	15	15
16	16	16	16
17	17	17	17
18	18	18	18
19	19	19	19
20	20	20	20
21	21	21	21
22	22	22	22
23	23	23	23

NOTES

IF I CANNOT DO GREAT THINGS I CAN DO SMALL THINGS IN A GREAT WAY
(MARTIN LUTHER KING JR.)

WEEK:

WEEKLY GOAL

SUN	MON	TUES
TODAYS OBJECTIVE	TODAYS OBJECTIVE	TODAYS OBJECTIVE
6	6	6
7	7	7
8	8	8
9	9	9
10	10	10
11	11	11
12	12	12
13	13	13
14	14	14
15	15	15
16	16	16
17	17	17
18	18	18
19	19	19
20	20	20
21	21	21
22	22	22
23	23	23

WEEKLY INSPIRATION

MY TO DO LIST

- ☐
- ☐
- ☐
- ☐

WORK TO DO LIST

- ☐
- ☐
- ☐
- ☐

URGENT

- ☐
- ☐
- ☐
- ☐
- ☐

TOP PRIORITIES THIS WEEK

1.

2.

3.

4.

WEDS	THURS	FRI	SAT
TODAYS OBJECTIVE	TODAYS OBJECTIVE	TODAYS OBJECTIVE	TODAYS OBJECTIVE
6	6	6	6
7	7	7	7
8	8	8	8
9	9	9	9
10	10	10	10
11	11	11	11
12	12	12	12
13	13	13	13
14	14	14	14
15	15	15	15
16	16	16	16
17	17	17	17
18	18	18	18
19	19	19	19
20	20	20	20
21	21	21	21
22	22	22	22
23	23	23	23

NOTES

I DO NOT LIKE TO REPEAT SUCCESSES, I LIKE TO GO ON TO OTHER THINGS
(WALT DISNEY COMPANY)

WEEK:

WEEKLY GOAL

WEEKLY INSPIRATION

SUN	MON	TUES
TODAYS OBJECTIVE	TODAYS OBJECTIVE	TODAYS OBJECTIVE
6	6	6
7	7	7
8	8	8
9	9	9
10	10	10
11	11	11
12	12	12
13	13	13
14	14	14
15	15	15
16	16	16
17	17	17
18	18	18
19	19	19
20	20	20
21	21	21
22	22	22
23	23	23

MY TO DO LIST

- ☐
- ☐
- ☐
- ☐

WORK TO DO LIST

- ☐
- ☐
- ☐
- ☐

URGENT

- ☐
- ☐
- ☐
- ☐
- ☐

TOP PRIORITIES THIS WEEK

1.

2.

3.

4.

WEDS	THURS	FRI	SAT
TODAYS OBJECTIVE	TODAYS OBJECTIVE	TODAYS OBJECTIVE	TODAYS OBJECTIVE
6	6	6	6
7	7	7	7
8	8	8	8
9	9	9	9
10	10	10	10
11	11	11	11
12	12	12	12
13	13	13	13
14	14	14	14
15	15	15	15
16	16	16	16
17	17	17	17
18	18	18	18
19	19	19	19
20	20	20	20
21	21	21	21
22	22	22	22
23	23	23	23

NOTES

FAILURE IS THE KEY TO SUCCESS EACH MISTAKE TEACHES US SOMETHING
(MORIHEI UESHIBA)

WEEK:

WEEKLY GOAL

WEEKLY INSPIRATION

SUN	MON	TUES
TODAYS OBJECTIVE	TODAYS OBJECTIVE	TODAYS OBJECTIVE
6	6	6
7	7	7
8	8	8
9	9	9
10	10	10
11	11	11
12	12	12
13	13	13
14	14	14
15	15	15
16	16	16
17	17	17
18	18	18
19	19	19
20	20	20
21	21	21
22	22	22
23	23	23

MY DO LIST

- ☐
- ☐
- ☐
- ☐

WORK TO DO LIST

- ☐
- ☐
- ☐
- ☐

URGENT

- ☐
- ☐
- ☐
- ☐
- ☐

TOP PRIORITIES THIS WEEK

1.

2.

3.

4.

WEDS	THURS	FRI	SAT
TODAYS OBJECTIVE	TODAYS OBJECTIVE	TODAYS OBJECTIVE	TODAYS OBJECTIVE
6	6	6	6
7	7	7	7
8	8	8	8
9	9	9	9
10	10	10	10
11	11	11	11
12	12	12	12
13	13	13	13
14	14	14	14
15	15	15	15
16	16	16	16
17	17	17	17
18	18	18	18
19	19	19	19
20	20	20	20
21	21	21	21
22	22	22	22
23	23	23	23

NOTES

F.O.C.U.S – FOLLOW ONE COURSE UNTIL SUCCESSFUL (ROBERT KIYOSAKI)

WEEK:

WEEKLY GOAL

WEEKLY INSPIRATION

SUN	MON	TUES
TODAYS OBJECTIVE	TODAYS OBJECTIVE	TODAYS OBJECTIVE
6	6	6
7	7	7
8	8	8
9	9	9
10	10	10
11	11	11
12	12	12
13	13	13
14	14	14
15	15	15
16	16	16
17	17	17
18	18	18
19	19	19
20	20	20
21	21	21
22	22	22
23	23	23

MY TO DO LIST

- ☐
- ☐
- ☐
- ☐

WORK TO DO LIST

- ☐
- ☐
- ☐
- ☐

TOP PRIORITIES THIS WEEK

1.

2.

3.

4.

URGENT

- ☐
- ☐
- ☐
- ☐
- ☐

WEDS	THURS	FRI	SAT
TODAYS OBJECTIVE	TODAYS OBJECTIVE	TODAYS OBJECTIVE	TODAYS OBJECTIVE
6	6	6	6
7	7	7	7
8	8	8	8
9	9	9	9
10	10	10	10
11	11	11	11
12	12	12	12
13	13	13	13
14	14	14	14
15	15	15	15
16	16	16	16
17	17	17	17
18	18	18	18
19	19	19	19
20	20	20	20
21	21	21	21
22	22	22	22
23	23	23	23

NOTES

EVERY BUILDING STARTS WITH AN IDEA, A PLAN AND A SINGLE BRICK (MARCELA BENNETT)

WEEK:

WEEKLY GOAL

WEEKLY INSPIRATION

SUN	MON	TUES
TODAYS OBJECTIVE	TODAYS OBJECTIVE	TODAYS OBJECTIVE
6	6	6
7	7	7
8	8	8
9	9	9
10	10	10
11	11	11
12	12	12
13	13	13
14	14	14
15	15	15
16	16	16
17	17	17
18	18	18
19	19	19
20	20	20
21	21	21
22	22	22
23	23	23

MY TO DO LIST

- ☐
- ☐
- ☐
- ☐

WORK TO DO LIST

- ☐
- ☐
- ☐
- ☐

TOP PRIORITIES THIS WEEK

1.

2.

3.

4.

URGENT

- ☐
- ☐
- ☐
- ☐
- ☐

WEDS	THURS	FRI	SAT
TODAYS OBJECTIVE	TODAYS OBJECTIVE	TODAYS OBJECTIVE	TODAYS OBJECTIVE
6	6	6	6
7	7	7	7
8	8	8	8
9	9	9	9
10	10	10	10
11	11	11	11
12	12	12	12
13	13	13	13
14	14	14	14
15	15	15	15
16	16	16	16
17	17	17	17
18	18	18	18
19	19	19	19
20	20	20	20
21	21	21	21
22	22	22	22
23	23	23	23

NOTES

DETERMINATION, EFFORT AND PRACTICE ARE REWARDED WITH SUCCESS
(MARY LYDON SIMONSEN)

WEEK:

WEEKLY GOAL

WEEKLY INSPIRATION

SUN	MON	TUES
TODAYS OBJECTIVE	TODAYS OBJECTIVE	TODAYS OBJECTIVE
6	6	6
7	7	7
8	8	8
9	9	9
10	10	10
11	11	11
12	12	12
13	13	13
14	14	14
15	15	15
16	16	16
17	17	17
18	18	18
19	19	19
20	20	20
21	21	21
22	22	22
23	23	23

MY TO DO LIST

- ☐
- ☐
- ☐
- ☐

WORK TO DO LIST

- ☐
- ☐
- ☐
- ☐

TOP PRIORITIES THIS WEEK

1.

2.

3.

4.

URGENT

- ☐
- ☐
- ☐
- ☐
- ☐

WEDS	THURS	FRI	SAT
TODAYS OBJECTIVE	TODAYS OBJECTIVE	TODAYS OBJECTIVE	TODAYS OBJECTIVE
6	6	6	6
7	7	7	7
8	8	8	8
9	9	9	9
10	10	10	10
11	11	11	11
12	12	12	12
13	13	13	13
14	14	14	14
15	15	15	15
16	16	16	16
17	17	17	17
18	18	18	18
19	19	19	19
20	20	20	20
21	21	21	21
22	22	22	22
23	23	23	23

NOTES

IF YOU THINK YOU CAN DO IT, YOU CAN (JOHN BURROUGHS)

WEEK:

WEEKLY GOAL

WEEKLY INSPIRATION

SUN	MON	TUES
TODAYS OBJECTIVE	TODAYS OBJECTIVE	TODAYS OBJECTIVE
6	6	6
7	7	7
8	8	8
9	9	9
10	10	10
11	11	11
12	12	12
13	13	13
14	14	14
15	15	15
16	16	16
17	17	17
18	18	18
19	19	19
20	20	20
21	21	21
22	22	22
23	23	23

MY TO DO LIST

- ☐
- ☐
- ☐
- ☐

WORK TO DO LIST

- ☐
- ☐
- ☐
- ☐

URGENT

- ☐
- ☐
- ☐
- ☐
- ☐

TOP PRIORITIES THIS WEEK

1.

2.

3.

4.

WEDS	THURS	FRI	SAT
TODAYS OBJECTIVE	TODAYS OBJECTIVE	TODAYS OBJECTIVE	TODAYS OBJECTIVE
6	6	6	6
7	7	7	7
8	8	8	8
9	9	9	9
10	10	10	10
11	11	11	11
12	12	12	12
13	13	13	13
14	14	14	14
15	15	15	15
16	16	16	16
17	17	17	17
18	18	18	18
19	19	19	19
20	20	20	20
21	21	21	21
22	22	22	22
23	23	23	23

NOTES

YOUR POSITIVE ACTION COMBINED WITH POSITIVE THINKING RESULTS IN SUCCESS
(SHIV KHERA)

WEEK:

WEEKLY GOAL

WEEKLY INSPIRATION

SUN	MON	TUES
TODAYS OBJECTIVE	TODAYS OBJECTIVE	TODAYS OBJECTIVE
6	6	6
7	7	7
8	8	8
9	9	9
10	10	10
11	11	11
12	12	12
13	13	13
14	14	14
15	15	15
16	16	16
17	17	17
18	18	18
19	19	19
20	20	20
21	21	21
22	22	22
23	23	23

MY TO DO LIST

- ☐
- ☐
- ☐
- ☐

WORK TO DO LIST

- ☐
- ☐
- ☐
- ☐

TOP PRIORITIES THIS WEEK

1.

2.

3.

4.

URGENT

- ☐
- ☐
- ☐
- ☐
- ☐

WEDS	THURS	FRI	SAT
TODAYS OBJECTIVE	TODAYS OBJECTIVE	TODAYS OBJECTIVE	TODAYS OBJECTIVE
6	6	6	6
7	7	7	7
8	8	8	8
9	9	9	9
10	10	10	10
11	11	11	11
12	12	12	12
13	13	13	13
14	14	14	14
15	15	15	15
16	16	16	16
17	17	17	17
18	18	18	18
19	19	19	19
20	20	20	20
21	21	21	21
22	22	22	22
23	23	23	23

NOTES

CHOICE, NOT CIRCUMSTANCES DETERMINES YOUR SUCCESS (ANONYMOUS)

WEEK:

WEEKLY GOAL

WEEKLY INSPIRATION

SUN	MON	TUES
TODAYS OBJECTIVE	TODAYS OBJECTIVE	TODAYS OBJECTIVE
6	6	6
7	7	7
8	8	8
9	9	9
10	10	10
11	11	11
12	12	12
13	13	13
14	14	14
15	15	15
16	16	16
17	17	17
18	18	18
19	19	19
20	20	20
21	21	21
22	22	22
23	23	23

MY TO DO LIST

- ☐
- ☐
- ☐
- ☐

WORK TO DO LIST

- ☐
- ☐
- ☐
- ☐

TOP PRIORITIES THIS WEEK

1.

2.

3.

4.

URGENT

- ☐
- ☐
- ☐
- ☐
- ☐

WEDS	THURS	FRI	SAT
TODAYS OBJECTIVE	TODAYS OBJECTIVE	TODAYS OBJECTIVE	TODAYS OBJECTIVE
6	6	6	6
7	7	7	7
8	8	8	8
9	9	9	9
10	10	10	10
11	11	11	11
12	12	12	12
13	13	13	13
14	14	14	14
15	15	15	15
16	16	16	16
17	17	17	17
18	18	18	18
19	19	19	19
20	20	20	20
21	21	21	21
22	22	22	22
23	23	23	23

NOTES

BEHIND EVERY SUCCESSFUL PERSON THERE IS AN OUT OF CONTROL IMAGINATION
(AULIQ ICE)

WEEK:

WEEKLY GOAL

WEEKLY INSPIRATION

SUN	MON	TUES
TODAYS OBJECTIVE	TODAYS OBJECTIVE	TODAYS OBJECTIVE
6	6	6
7	7	7
8	8	8
9	9	9
10	10	10
11	11	11
12	12	12
13	13	13
14	14	14
15	15	15
16	16	16
17	17	17
18	18	18
19	19	19
20	20	20
21	21	21
22	22	22
23	23	23

MY TO DO LIST

- ☐
- ☐
- ☐
- ☐

WORK TO DO LIST

- ☐
- ☐
- ☐
- ☐

TOP PRIORITIES THIS WEEK

1.

2.

3.

4.

URGENT

- ☐
- ☐
- ☐
- ☐
- ☐

WEDS	THURS	FRI	SAT
TODAYS OBJECTIVE	TODAYS OBJECTIVE	TODAYS OBJECTIVE	TODAYS OBJECTIVE
6	6	6	6
7	7	7	7
8	8	8	8
9	9	9	9
10	10	10	10
11	11	11	11
12	12	12	12
13	13	13	13
14	14	14	14
15	15	15	15
16	16	16	16
17	17	17	17
18	18	18	18
19	19	19	19
20	20	20	20
21	21	21	21
22	22	22	22
23	23	23	23

NOTES

BUILD YOUR OWN DREAMS OR SOMEONE ELSE WILL HIRE YOU TO BUILD THEIRS
(FARRAH GRAY)

WEEK:

WEEKLY GOAL

SUN	MON	TUES
TODAYS OBJECTIVE	TODAYS OBJECTIVE	TODAYS OBJECTIVE
6	6	6
7	7	7
8	8	8
9	9	9
10	10	10
11	11	11
12	12	12
13	13	13
14	14	14
15	15	15
16	16	16
17	17	17
18	18	18
19	19	19
20	20	20
21	21	21
22	22	22
23	23	23

WEEKLY INSPIRATION

MY TO DO LIST

- ☐
- ☐
- ☐
- ☐

WORK TO DO LIST

- ☐
- ☐
- ☐
- ☐

URGENT

- ☐
- ☐
- ☐
- ☐
- ☐

TOP PRIORITIES THIS WEEK

1.

2.

3.

4.

WEDS	THURS	FRI	SAT
TODAYS OBJECTIVE	TODAYS OBJECTIVE	TODAYS OBJECTIVE	TODAYS OBJECTIVE
6	6	6	6
7	7	7	7
8	8	8	8
9	9	9	9
10	10	10	10
11	11	11	11
12	12	12	12
13	13	13	13
14	14	14	14
15	15	15	15
16	16	16	16
17	17	17	17
18	18	18	18
19	19	19	19
20	20	20	20
21	21	21	21
22	22	22	22
23	23	23	23

NOTES

BEFORE ANYTHING ELSE, PREPARATION IS THE KEY TO SUCCESS
(ALEXANDER GRAHAM BELL)

WEEK:

WEEKLY GOAL

SUN	MON	TUES
TODAYS OBJECTIVE	TODAYS OBJECTIVE	TODAYS OBJECTIVE
6	6	6
7	7	7
8	8	8
9	9	9
10	10	10
11	11	11
12	12	12
13	13	13
14	14	14
15	15	15
16	16	16
17	17	17
18	18	18
19	19	19
20	20	20
21	21	21
22	22	22
23	23	23

WEEKLY INSPIRATION

MY TO DO LIST

- ☐
- ☐
- ☐
- ☐

WORK TO DO LIST

- ☐
- ☐
- ☐
- ☐

URGENT

- ☐
- ☐
- ☐
- ☐
- ☐

TOP PRIORITIES THIS WEEK

1.

2.

3.

4.

WEDS	THURS	FRI	SAT
TODAYS OBJECTIVE	TODAYS OBJECTIVE	TODAYS OBJECTIVE	TODAYS OBJECTIVE
6	6	6	6
7	7	7	7
8	8	8	8
9	9	9	9
10	10	10	10
11	11	11	11
12	12	12	12
13	13	13	13
14	14	14	14
15	15	15	15
16	16	16	16
17	17	17	17
18	18	18	18
19	19	19	19
20	20	20	20
21	21	21	21
22	22	22	22
23	23	23	23

NOTES

ACTION IS THE FOUNDATIONAL KEY TO ALL SUCCESS (PABLO PICASSO)

WEEK:

WEEKLY GOAL

WEEKLY INSPIRATION

SUN	MON	TUES
TODAYS OBJECTIVE	TODAYS OBJECTIVE	TODAYS OBJECTIVE
6	6	6
7	7	7
8	8	8
9	9	9
10	10	10
11	11	11
12	12	12
13	13	13
14	14	14
15	15	15
16	16	16
17	17	17
18	18	18
19	19	19
20	20	20
21	21	21
22	22	22
23	23	23

MY TO DO LIST

- ☐
- ☐
- ☐
- ☐

WORK TO DO LIST

- ☐
- ☐
- ☐
- ☐

URGENT

- ☐
- ☐
- ☐
- ☐
- ☐

TOP PRIORITIES THIS WEEK

1.

2.

3.

4.

WEDS	THURS	FRI	SAT
TODAYS OBJECTIVE	TODAYS OBJECTIVE	TODAYS OBJECTIVE	TODAYS OBJECTIVE
6	6	6	6
7	7	7	7
8	8	8	8
9	9	9	9
10	10	10	10
11	11	11	11
12	12	12	12
13	13	13	13
14	14	14	14
15	15	15	15
16	16	16	16
17	17	17	17
18	18	18	18
19	19	19	19
20	20	20	20
21	21	21	21
22	22	22	22
23	23	23	23

NOTES

A QUITTER NEVER WINS-AND A WINNER NEVER QUITS (NAPOLEON HILL)

WEEK:

WEEKLY GOAL

WEEKLY INSPIRATION

SUN	MON	TUES
TODAYS OBJECTIVE	TODAYS OBJECTIVE	TODAYS OBJECTIVE
6	6	6
7	7	7
8	8	8
9	9	9
10	10	10
11	11	11
12	12	12
13	13	13
14	14	14
15	15	15
16	16	16
17	17	17
18	18	18
19	19	19
20	20	20
21	21	21
22	22	22
23	23	23

MY TO DO LIST

- ☐
- ☐
- ☐
- ☐

WORK TO DO LIST

- ☐
- ☐
- ☐
- ☐

URGENT

- ☐
- ☐
- ☐
- ☐
- ☐

TOP PRIORITIES THIS WEEK

1.

2.

3.

4.

WEDS	THURS	FRI	SAT
TODAYS OBJECTIVE	TODAYS OBJECTIVE	TODAYS OBJECTIVE	TODAYS OBJECTIVE
6	6	6	6
7	7	7	7
8	8	8	8
9	9	9	9
10	10	10	10
11	11	11	11
12	12	12	12
13	13	13	13
14	14	14	14
15	15	15	15
16	16	16	16
17	17	17	17
18	18	18	18
19	19	19	19
20	20	20	20
21	21	21	21
22	22	22	22
23	23	23	23

NOTES

QUALITY IS NOT AN ACT, IT'S A HABIT (ARISTOTLE)

WEEK:

WEEKLY GOAL

WEEKLY INSPIRATION

SUN	MON	TUES
TODAYS OBJECTIVE	TODAYS OBJECTIVE	TODAYS OBJECTIVE
6	6	6
7	7	7
8	8	8
9	9	9
10	10	10
11	11	11
12	12	12
13	13	13
14	14	14
15	15	15
16	16	16
17	17	17
18	18	18
19	19	19
20	20	20
21	21	21
22	22	22
23	23	23

MY TO DO LIST

- ☐
- ☐
- ☐
- ☐

WORK TO DO LIST

- ☐
- ☐
- ☐
- ☐

URGENT

- ☐
- ☐
- ☐
- ☐
- ☐

TOP PRIORITIES THIS WEEK

1.

2.

3.

4.

WEDS	THURS	FRI	SAT
TODAYS OBJECTIVE	TODAYS OBJECTIVE	TODAYS OBJECTIVE	TODAYS OBJECTIVE
6	6	6	6
7	7	7	7
8	8	8	8
9	9	9	9
10	10	10	10
11	11	11	11
12	12	12	12
13	13	13	13
14	14	14	14
15	15	15	15
16	16	16	16
17	17	17	17
18	18	18	18
19	19	19	19
20	20	20	20
21	21	21	21
22	22	22	22
23	23	23	23

NOTES

STEP BY STEP AND THE THING IS DONE (CHARLES ATLAS)

WEEK:

WEEKLY GOAL

WEEKLY INSPIRATION

SUN	MON	TUES
TODAYS OBJECTIVE	TODAYS OBJECTIVE	TODAYS OBJECTIVE
6	6	6
7	7	7
8	8	8
9	9	9
10	10	10
11	11	11
12	12	12
13	13	13
14	14	14
15	15	15
16	16	16
17	17	17
18	18	18
19	19	19
20	20	20
21	21	21
22	22	22
23	23	23

MY TO DO LIST

- ☐
- ☐
- ☐
- ☐

WORK TO DO LIST

- ☐
- ☐
- ☐
- ☐

TOP PRIORITIES THIS WEEK

1.

2.

3.

4.

URGENT

- ☐
- ☐
- ☐
- ☐
- ☐

WEDS	THURS	FRI	SAT
TODAYS OBJECTIVE	TODAYS OBJECTIVE	TODAYS OBJECTIVE	TODAYS OBJECTIVE
6	6	6	6
7	7	7	7
8	8	8	8
9	9	9	9
10	10	10	10
11	11	11	11
12	12	12	12
13	13	13	13
14	14	14	14
15	15	15	15
16	16	16	16
17	17	17	17
18	18	18	18
19	19	19	19
20	20	20	20
21	21	21	21
22	22	22	22
23	23	23	23

NOTES

I CAN THEREFORE I AM (SIMONE WEIL)

WEEK:

WEEKLY GOAL

SUN	MON	TUES
TODAYS OBJECTIVE	TODAYS OBJECTIVE	TODAYS OBJECTIVE
6	6	6
7	7	7
8	8	8
9	9	9
10	10	10
11	11	11
12	12	12
13	13	13
14	14	14
15	15	15
16	16	16
17	17	17
18	18	18
19	19	19
20	20	20
21	21	21
22	22	22
23	23	23

WEEKLY INSPIRATION

MY TO DO LIST

- ☐
- ☐
- ☐
- ☐

WORK TO DO LIST

- ☐
- ☐
- ☐
- ☐

URGENT

- ☐
- ☐
- ☐
- ☐
- ☐

TOP PRIORITIES THIS WEEK

1.

2.

3.

4.

WEDS	THURS	FRI	SAT
TODAYS OBJECTIVE	TODAYS OBJECTIVE	TODAYS OBJECTIVE	TODAYS OBJECTIVE
6	6	6	6
7	7	7	7
8	8	8	8
9	9	9	9
10	10	10	10
11	11	11	11
12	12	12	12
13	13	13	13
14	14	14	14
15	15	15	15
16	16	16	16
17	17	17	17
18	18	18	18
19	19	19	19
20	20	20	20
21	21	21	21
22	22	22	22
23	23	23	23

NOTES

EITHER I WILL FIND A WAY, OR I WILL MAKE ONE (PHILIP SIDNEY)

WEEK:

WEEKLY GOAL

WEEKLY INSPIRATION

SUN	MON	TUES
TODAYS OBJECTIVE	TODAYS OBJECTIVE	TODAYS OBJECTIVE
6	6	6
7	7	7
8	8	8
9	9	9
10	10	10
11	11	11
12	12	12
13	13	13
14	14	14
15	15	15
16	16	16
17	17	17
18	18	18
19	19	19
20	20	20
21	21	21
22	22	22
23	23	23

MY TO DO LIST

☐
☐
☐
☐

WORK TO DO LIST

☐
☐
☐
☐

TOP PRIORITIES THIS WEEK

1.

2.

3.

4.

URGENT

☐
☐
☐
☐
☐

WEDS	THURS	FRI	SAT
TODAYS OBJECTIVE	TODAYS OBJECTIVE	TODAYS OBJECTIVE	TODAYS OBJECTIVE
6	6	6	6
7	7	7	7
8	8	8	8
9	9	9	9
10	10	10	10
11	11	11	11
12	12	12	12
13	13	13	13
14	14	14	14
15	15	15	15
16	16	16	16
17	17	17	17
18	18	18	18
19	19	19	19
20	20	20	20
21	21	21	21
22	22	22	22
23	23	23	23

NOTES

MOTIVATION WILL ALWAYS BEAT MERE TALENT (NORMAN RALPH AUGUSTINE)

WEEK:

WEEKLY GOAL

WEEKLY INSPIRATION

SUN	MON	TUES
TODAYS OBJECTIVE	TODAYS OBJECTIVE	TODAYS OBJECTIVE
6	6	6
7	7	7
8	8	8
9	9	9
10	10	10
11	11	11
12	12	12
13	13	13
14	14	14
15	15	15
16	16	16
17	17	17
18	18	18
19	19	19
20	20	20
21	21	21
22	22	22
23	23	23

MY TO DO LIST

- ☐
- ☐
- ☐
- ☐

WORK TO DO LIST

- ☐
- ☐
- ☐
- ☐

URGENT

- ☐
- ☐
- ☐
- ☐
- ☐

TOP PRIORITIES THIS WEEK

1.

2.

3.

4.

WEDS	THURS	FRI	SAT
TODAYS OBJECTIVE	TODAYS OBJECTIVE	TODAYS OBJECTIVE	TODAYS OBJECTIVE
6	6	6	6
7	7	7	7
8	8	8	8
9	9	9	9
10	10	10	10
11	11	11	11
12	12	12	12
13	13	13	13
14	14	14	14
15	15	15	15
16	16	16	16
17	17	17	17
18	18	18	18
19	19	19	19
20	20	20	20
21	21	21	21
22	22	22	22
23	23	23	23

NOTES

WELL DONE IS BETTER THAN WELL SAID (BENJAMIN FRANKLIN)

WEEK:

WEEKLY GOAL

WEEKLY INSPIRATION

SUN	MON	TUES
TODAYS OBJECTIVE	TODAYS OBJECTIVE	TODAYS OBJECTIVE
6	6	6
7	7	7
8	8	8
9	9	9
10	10	10
11	11	11
12	12	12
13	13	13
14	14	14
15	15	15
16	16	16
17	17	17
18	18	18
19	19	19
20	20	20
21	21	21
22	22	22
23	23	23

MY TO DO LIST

- ☐
- ☐
- ☐
- ☐

WORK TO DO LIST

- ☐
- ☐
- ☐
- ☐

URGENT

- ☐
- ☐
- ☐
- ☐
- ☐

TOP PRIORITIES THIS WEEK

1.

2.

3.

4.

WEDS	THURS	FRI	SAT
TODAYS OBJECTIVE	TODAYS OBJECTIVE	TODAYS OBJECTIVE	TODAYS OBJECTIVE
6	6	6	6
7	7	7	7
8	8	8	8
9	9	9	9
10	10	10	10
11	11	11	11
12	12	12	12
13	13	13	13
14	14	14	14
15	15	15	15
16	16	16	16
17	17	17	17
18	18	18	18
19	19	19	19
20	20	20	20
21	21	21	21
22	22	22	22
23	23	23	23

NOTES

PERSEVERANCE IS FAILING 19 TIMES & SUCCEEDING ON THE 20TH (JULIE ANDREWS)

WEEK:

WEEKLY GOAL

WEEKLY INSPIRATION

SUN	MON	TUES
TODAYS OBJECTIVE	TODAYS OBJECTIVE	TODAYS OBJECTIVE
6	6	6
7	7	7
8	8	8
9	9	9
10	10	10
11	11	11
12	12	12
13	13	13
14	14	14
15	15	15
16	16	16
17	17	17
18	18	18
19	19	19
20	20	20
21	21	21
22	22	22
23	23	23

MY TO DO LIST

- ☐
- ☐
- ☐
- ☐

WORK TO DO LIST

- ☐
- ☐
- ☐
- ☐

TOP PRIORITIES THIS WEEK

1.

2.

3.

4.

URGENT

- ☐
- ☐
- ☐
- ☐
- ☐

WEDS	THURS	FRI	SAT
TODAYS OBJECTIVE	TODAYS OBJECTIVE	TODAYS OBJECTIVE	TODAYS OBJECTIVE
6	6	6	6
7	7	7	7
8	8	8	8
9	9	9	9
10	10	10	10
11	11	11	11
12	12	12	12
13	13	13	13
14	14	14	14
15	15	15	15
16	16	16	16
17	17	17	17
18	18	18	18
19	19	19	19
20	20	20	20
21	21	21	21
22	22	22	22
23	23	23	23

NOTES

ALWAYS DESIRE TO LEARN SOMETHING USEFUL (SOPHOCLES)

WEEK:

WEEKLY GOAL

WEEKLY INSPIRATION

SUN	MON	TUES
TODAYS OBJECTIVE	TODAYS OBJECTIVE	TODAYS OBJECTIVE
6	6	6
7	7	7
8	8	8
9	9	9
10	10	10
11	11	11
12	12	12
13	13	13
14	14	14
15	15	15
16	16	16
17	17	17
18	18	18
19	19	19
20	20	20
21	21	21
22	22	22
23	23	23

MY TO DO LIST

- ☐
- ☐
- ☐
- ☐

WORK TO DO LIST

- ☐
- ☐
- ☐
- ☐

TOP PRIORITIES THIS WEEK

1.

2.

3.

4.

URGENT

- ☐
- ☐
- ☐
- ☐
- ☐

WEDS	THURS	FRI	SAT
TODAYS OBJECTIVE	TODAYS OBJECTIVE	TODAYS OBJECTIVE	TODAYS OBJECTIVE
6	6	6	6
7	7	7	7
8	8	8	8
9	9	9	9
10	10	10	10
11	11	11	11
12	12	12	12
13	13	13	13
14	14	14	14
15	15	15	15
16	16	16	16
17	17	17	17
18	18	18	18
19	19	19	19
20	20	20	20
21	21	21	21
22	22	22	22
23	23	23	23

NOTES

DO WHATEVER YOU DO INTENSELY (ROBERT HENRI)

WEEK:

WEEKLY GOAL

SUN	MON	TUES
TODAYS OBJECTIVE	TODAYS OBJECTIVE	TODAYS OBJECTIVE
6	6	6
7	7	7
8	8	8
9	9	9
10	10	10
11	11	11
12	12	12
13	13	13
14	14	14
15	15	15
16	16	16
17	17	17
18	18	18
19	19	19
20	20	20
21	21	21
22	22	22
23	23	23

WEEKLY INSPIRATION

MY TO DO LIST

- ☐
- ☐
- ☐
- ☐

WORK TO DO LIST

- ☐
- ☐
- ☐
- ☐

TOP PRIORITIES THIS WEEK

1.

2.

3.

4.

URGENT

- ☐
- ☐
- ☐
- ☐
- ☐

WEDS	THURS	FRI	SAT
TODAYS OBJECTIVE	TODAYS OBJECTIVE	TODAYS OBJECTIVE	TODAYS OBJECTIVE
6	6	6	6
7	7	7	7
8	8	8	8
9	9	9	9
10	10	10	10
11	11	11	11
12	12	12	12
13	13	13	13
14	14	14	14
15	15	15	15
16	16	16	16
17	17	17	17
18	18	18	18
19	19	19	19
20	20	20	20
21	21	21	21
22	22	22	22
23	23	23	23

NOTES

YOU JUST CAN'T BEAT THE PERSON WHO NEVER GIVES UP (BABE RUTH)

2017

January

Sun	Mon	Tue	Wed	Thu	Fri	Sat
1	2	3	4	5	6	7
8	9	10	11	12	13	14
15	16	17	18	19	20	21
22	23	24	25	26	27	28
29	30	31	1	2	3	4
5	6	7	8	9	10	11

February

Sun	Mon	Tue	Wed	Thu	Fri	Sat
29	30	31	1	2	3	4
5	6	7	8	9	10	11
12	13	14	15	16	17	18
19	20	21	22	23	24	25
26	27	28	1	2	3	4
5	6	7	8	9	10	11

March

Sun	Mon	Tue	Wed	Thu	Fri	Sat
26	27	28	1	2	3	4
5	6	7	8	9	10	11
12	13	14	15	16	17	18
19	20	21	22	23	24	25
26	27	28	29	30	31	1
2	3	4	5	6	7	8

April

Sun	Mon	Tue	Wed	Thu	Fri	Sat
26	27	28	29	30	31	1
2	3	4	5	6	7	8
9	10	11	12	13	14	15
16	17	18	19	20	21	22
23	24	25	26	27	28	29
30	1	2	3	4	5	6

May

Sun	Mon	Tue	Wed	Thu	Fri	Sat
30	1	2	3	4	5	6
7	8	9	10	11	12	13
14	15	16	17	18	19	20
21	22	23	24	25	26	27
28	29	30	31	1	2	3
4	5	6	7	8	9	10

June

Sun	Mon	Tue	Wed	Thu	Fri	Sat
28	29	30	31	1	2	3
4	5	6	7	8	9	10
11	12	13	14	15	16	17
18	19	20	21	22	23	24
25	26	27	28	29	30	1
2	3	4	5	6	7	8

July

Sun	Mon	Tue	Wed	Thu	Fri	Sat
25	26	27	28	29	30	1
2	3	4	5	6	7	8
9	10	11	12	13	14	15
16	17	18	19	20	21	22
23	24	25	26	27	28	29
30	31	1	2	3	4	5

August

Sun	Mon	Tue	Wed	Thu	Fri	Sat
30	31	1	2	3	4	5
6	7	8	9	10	11	12
13	14	15	16	17	18	19
20	21	22	23	24	25	26
27	28	29	30	31	1	2
3	4	5	6	7	8	9

September

Sun	Mon	Tue	Wed	Thu	Fri	Sat
27	28	29	30	31	1	2
3	4	5	6	7	8	9
10	11	12	13	14	15	16
17	18	19	20	21	22	23
24	25	26	27	28	29	30
1	2	3	4	5	6	7

October

Sun	Mon	Tue	Wed	Thu	Fri	Sat
1	2	3	4	5	6	7
8	9	10	11	12	13	14
15	16	17	18	19	20	21
22	23	24	25	26	27	28
29	30	31	1	2	3	4
5	6	7	8	9	10	11

November

Sun	Mon	Tue	Wed	Thu	Fri	Sat
29	30	31	1	2	3	4
5	6	7	8	9	10	11
12	13	14	15	16	17	18
19	20	21	22	23	24	25
26	27	28	29	30	1	2
3	4	5	6	7	8	9

December

Sun	Mon	Tue	Wed	Thu	Fri	Sat
26	27	28	29	30	1	2
3	4	5	6	7	8	9
10	11	12	13	14	15	16
17	18	19	20	21	22	23
24	25	26	27	28	29	30
31	1	2	3	4	5	6

Jan 01: **New Years Day** | Jan 16: **Martin Luther King Day** | Feb 20: **Presidents Day** | Feb 28: **Shrove Tues** | Mar 01: **Ash Wed** | Mar 26: **UK Mothers Day** | Apr 14: **Good Friday** | Apr 16: **Easter Sunday** | Apr 17: **Easter Monday** | May 01: **Bank Holiday** | May 14: **Mother's Day** | May 29: **Bank Holiday** / **Memorial Day** | Jul 04: **Independence Day**| Aug 07: **Bank Holiday** | Aug 28**: Bank Holiday** | Sep 04: **Labor Day** | Oct 09: **Columbus Day** | Oct 31: **Halloween** | Nov 05: **Guy Fawkes Day** | Nov 11: **Veterans Day** | Nov 23: **Thanksgiving Day** | Dec 25: **Christmas** | Dec 26: **Boxing Day**

2018

January

Sun	Mon	Tue	Wed	Thu	Fri	Sat
31	1	2	3	4	5	6
7	8	9	10	11	12	13
14	15	16	17	18	19	20
21	22	23	24	25	26	27
28	29	30	31	1	2	3
4	5	6	7	8	9	10

February

Sun	Mon	Tue	Wed	Thu	Fri	Sat
28	29	30	31	1	2	3
4	5	6	7	8	9	10
11	12	13	14	15	16	17
18	19	20	21	22	23	24
25	26	27	28	1	2	3
4	5	6	7	8	9	10

March

Sun	Mon	Tue	Wed	Thu	Fri	Sat
25	26	27	28	1	2	3
4	5	6	7	8	9	10
11	12	13	14	15	16	17
18	19	20	21	22	23	24
25	26	27	28	29	30	31
1	2	3	4	5	6	7

April

Sun	Mon	Tue	Wed	Thu	Fri	Sat
1	2	3	4	5	6	7
8	9	10	11	12	13	14
15	16	17	18	19	20	21
22	23	24	25	26	27	28
29	30	1	2	3	4	5
6	7	8	9	10	11	12

May

Sun	Mon	Tue	Wed	Thu	Fri	Sat
29	30	1	2	3	4	5
6	7	8	9	10	11	12
13	14	15	16	17	18	19
20	21	22	23	24	25	26
27	28	29	30	31	1	2
3	4	5	6	7	8	9

June

Sun	Mon	Tue	Wed	Thu	Fri	Sat
27	28	29	30	31	1	2
3	4	5	6	7	8	9
10	11	12	13	14	15	16
17	18	19	20	21	22	23
24	25	26	27	28	29	30
1	2	3	4	5	6	7

July

Sun	Mon	Tue	Wed	Thu	Fri	Sat
1	2	3	4	5	6	7
8	9	10	11	12	13	14
15	16	17	18	19	20	21
22	23	24	25	26	27	28
29	30	31	1	2	3	4
5	6	7	8	9	10	11

August

Sun	Mon	Tue	Wed	Thu	Fri	Sat
29	30	31	1	2	3	4
5	6	7	8	9	10	11
12	13	14	15	16	17	18
19	20	21	22	23	24	25
26	27	28	29	30	31	1
2	3	4	5	6	7	8

September

Sun	Mon	Tue	Wed	Thu	Fri	Sat
26	27	28	29	30	31	1
2	3	4	5	6	7	8
9	10	11	12	13	14	15
16	17	18	19	20	21	22
23	24	25	26	27	28	29
30	1	2	3	4	5	6

October

Sun	Mon	Tue	Wed	Thu	Fri	Sat
30	1	2	3	4	5	6
7	8	9	10	11	12	13
14	15	16	17	18	19	20
21	22	23	24	25	26	27
28	29	30	31	1	2	3
4	5	6	7	8	9	10

November

Sun	Mon	Tue	Wed	Thu	Fri	Sat
28	29	30	31	1	2	3
4	5	6	7	8	9	10
11	12	13	14	15	16	17
18	19	20	21	22	23	24
25	26	27	28	29	30	1
2	3	4	5	6	7	8

December

Sun	Mon	Tue	Wed	Thu	Fri	Sat
25	26	27	28	29	30	1
2	3	4	5	6	7	8
9	10	11	12	13	14	15
16	17	18	19	20	21	22
23	24	25	26	27	28	29
30	31	1	2	3	4	5

Jan 01: **New Years Day** | Jan 15: **Martin Luther King Day** | Feb 13: **Shrove Tues** | Feb 19: **Presidents Day** | Mar 14: **Ash Wed** | Mar 11: **UK Mothers Day** | Mar 30: **Good Friday** | Apr 01: **Easter Sunday** | Apr 02: **Easter Monday** | May 07: **Bank Holiday** | May 13: **Mother's Day** | May 28: **Bank Holiday** / **Memorial Day** | Jul 04: **Independence Day**| Aug 27**: Bank Holiday** | Sep 03: **Labor Day** | Oct 08: **Columbus Day** | Oct 31: **Halloween** | Nov 05: **Guy Fawkes Day** | Nov 11: **Veterans Day** | Nov 22: **Thanksgiving Day** | Dec 25: **Christmas** | Dec 26: **Boxing Day**

14922176R00057

Printed in Great Britain
by Amazon